Impressum
Verlag: BABADADA GmbH, Nedderfeld 112 , 22529 Hamburg
Geschäftsführer / Verlagsleitung: Harald Hof
Druck: Books on Demand GmbH, In de Tarpen 42, 22848 Norderstedt

Imprint
Publisher: BABADADA GmbH, Nedderfeld 112 , 22529 Hamburg, Germany
Managing Director / Publishing direction: Harald Hof
Print: Books on Demand GmbH, In de Tarpen 42, 22848 Norderstedt

koulu

ikigo c' amashure

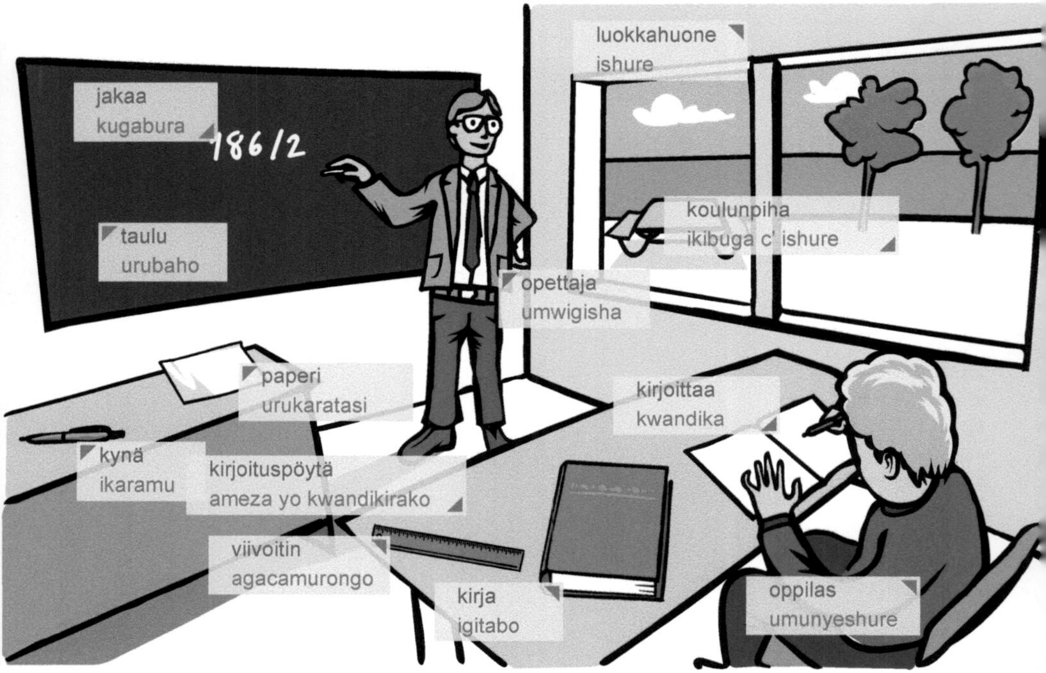
luokkahuone
ishure
jakaa
kugabura
186/2
taulu
urubaho
koulunpiha
ikibuga c' ishure
opettaja
umwigisha
paperi
urukaratasi
kirjoittaa
kwandika
kynä
ikaramu
kirjoituspöytä
ameza yo kwandikirako
viivoitin
agacamurongo
kirja
igitabo
oppilas
umunyeshure

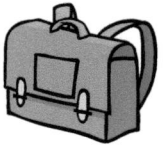

reppu

isakoshi y'' ishure

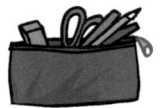

penaali

agasaho k' amakaramu

lyijykynä

ikaramu y igiti

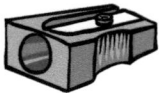

kynänteroitin

agasongozo k ikaramu y igiti

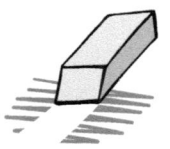

pyyhekumi

igome

piirustuslehtiö

ikaye yo gucapamwo

piirustus
igicapo

pensseli
ikaramu bacapisha irangi

vesivärit
agasandugu kamabara

sakset
imikasi

liima
kore

harjoituskirja
ikaye y' imyimenyerezo

kotitehtävä
myimenyerezo yo muhira

luku
igiharuro

2+2

lisätä
guteranya

vähentää
gukuramwo

kertoa
kugwiza

laskea
guharura

kirjain
urudome

ABCDEFG
HIJKLMN
OPQRSTU
VWXYZ

aakkoset
indome

sana
ijambo

teksti

igisomwa

lukea

gusoma

liitu

ingwa

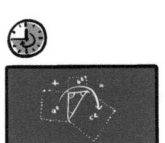

oppitunti

icigwa

opettajan muistikirja

igitabo c' ishure

koe

ikibazo

todistus

impamyabushobozi

koulupuku

impuzu y' ishure

koulutus

kwiga

sanakirja

kazinduzi

yliopisto

kaminuza

mikroskooppi

mikorosikopi

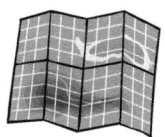

kartta

ikarata

roskakori

agaseke bajugunyamo
amakaratasi

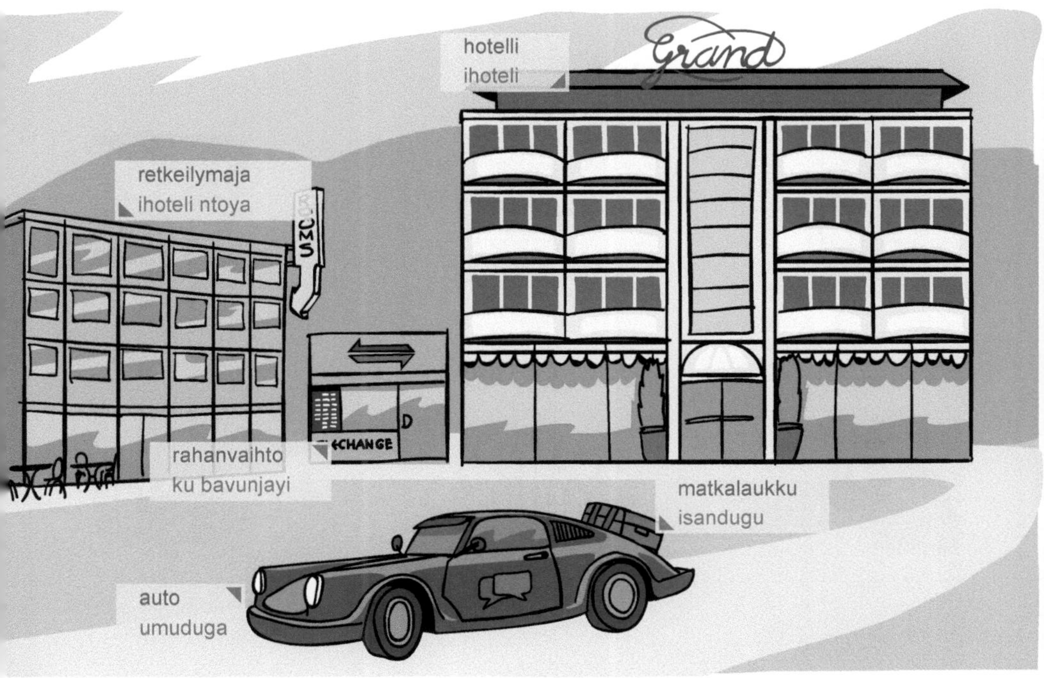

hotelli
ihoteli
Grand
retkeilymaja
ihoteli ntoya
ROOMS
rahanvaihto
ku bavunjayi
EXCHANGE
matkalaukku
isandugu
auto
umuduga

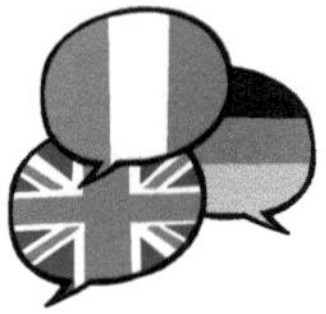

kieli

ururimi

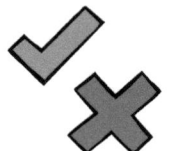

kyllä / ei

ego / oya

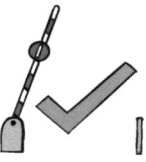

selvä

ego

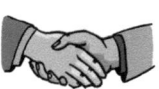

hei

amahoro!

tulkki

umuntu asigura

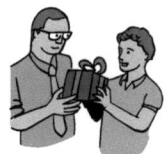

kiitos

ndashimye

Paljonko...maksaa?

ni angahe?

en ymmärrä

sindabitahura

ongelma

ingorane

Hyvää iltaa!

mwiriwe!

Hyvää huomenta!

mwaramutse

Hyvää yötä!

ijoro ryiza!

näkemiin

nakagaruka

suunta

inzira

matkatavarat

imizigo

laukku

igapo

reppu

isaho baheka mu mugongo

vieras

umushitsi

huone

icumba

makuupussi

umufuko wo kuraramo mu rugendo

teltta

ihema

turisti-info

kumenyesha ingenzi

ranta

ku musenyi

luottokortti

ikarata y' amahera

aamupala

ifunguro rya mugatondo

lounas

ifunguro ryo ku murango

päivällinen

ifunguro ry 'ijoro

matkalippu

itike

hissi

ingazi y' umuyagankuba

postimerkki

umukono

raja

umupaka

tulli

duwane

suurlähetystö

ubuserukizi bw' igihugu

viisumi

viza

passi

pasiporo

kuljetus

gutwara abantu n' ibintu

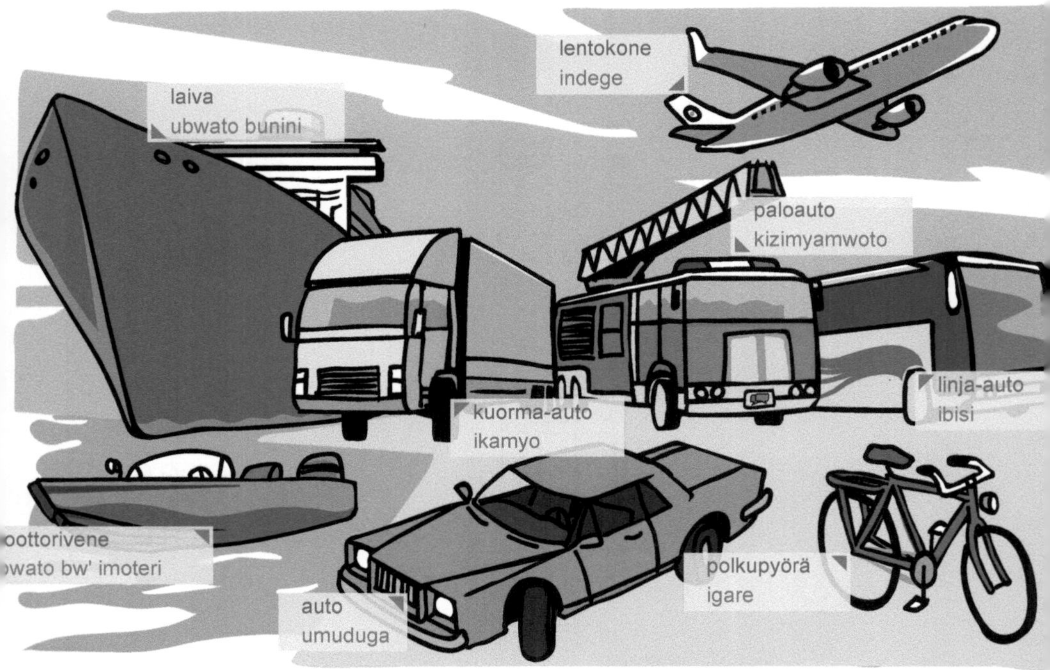
lentokone
indege
laiva
ubwato bunini
paloauto
kizimyamwoto
linja-auto
ibisi
kuorma-auto
ikamyo
oottorivene
wato bw' imoteri
polkupyörä
igare
auto
umuduga

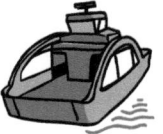

lautta

ubwato bunini

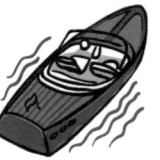

vene

ubwato

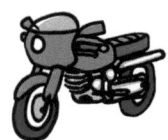

moottoripyörä

ipikipiki

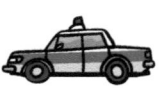

poliisiauto

umuduga w' igipolisi

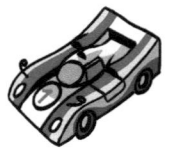

kilpa-auto

umuduga wa kuruse

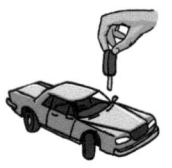

vuokra-auto

umuduga bakodesha

car sharing

jukoresha imodoka imwe muri benshi

hinausauto

uruduga ruheka izindi

roska-auto

umuduga utwara umucafu

moottori

imoteri

polttoaine

igitoro

huoltoasema

ubunywero bw'ibitoro

liikennemerkki

rango vyo ku mabarabara

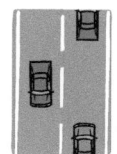

liikenne

uruja n' uruza

ruuhka

akajagari k' imiduga mw' ibarabara

parkkipaikka

igituro c' imiduga

rautatieasema

igituro ca gari ya moshi

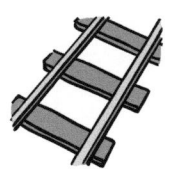

raiteet

ibarabara rya gari ya moshi

juna

gari ya moshi

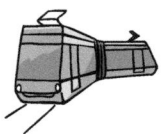

raitiovaunu

gari ya moshi bita tram

vaunu

igipande ca gari ya moshi

helikopteri
kajugujugu

lentokenttä
ikibuga c' indege

lähilennonjohto
umunara

matkustaja
ingenzi

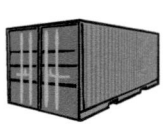

kontti
konteneri

pahvilaatikko
ikarato

kärryt
isharete

kori
icibo

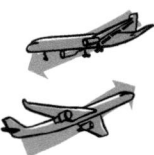

nousta / laskea
kuguruka / kugwa

kaupunki

igisagara

kylä
umutumba

keskusta
hagati mu gisagara

talo
inzu

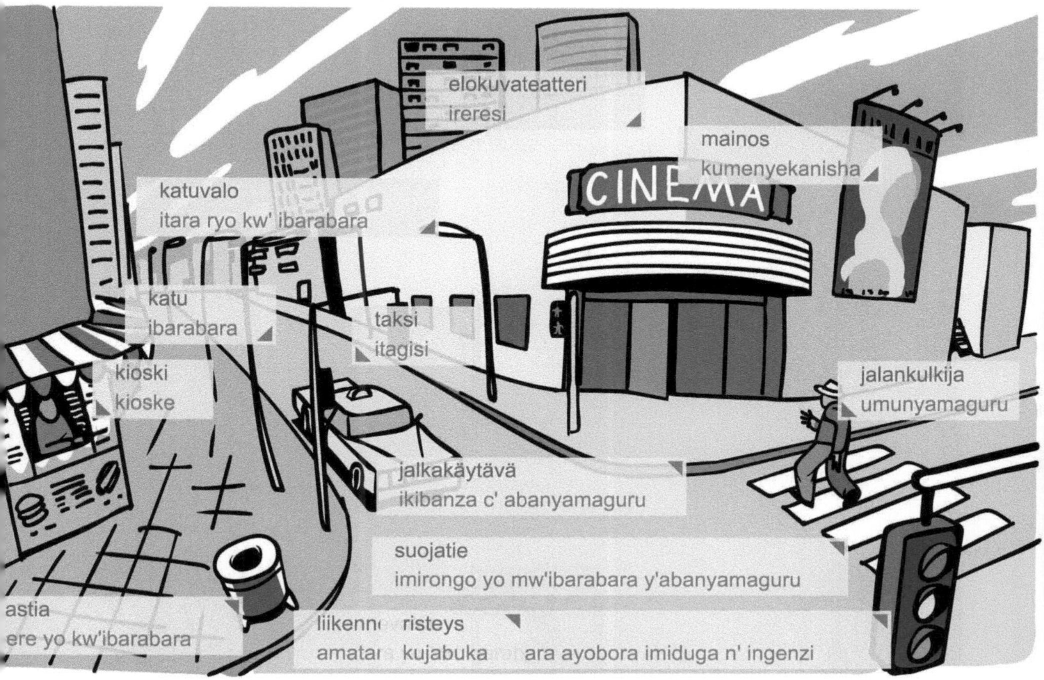

elokuvateatteri
ireresi

mainos
kumenyekanisha

katuvalo
itara ryo kw' ibarabara

katu
ibarabara

taksi
itagisi

kioski
kioske

jalankulkija
umunyamaguru

jalkakäytävä
ikibanza c' abanyamaguru

suojatie
imirongo yo mw'ibarabara y'abanyamaguru

astia
ere yo kw'ibarabara

liikenne risteys
amatara kujabuka ara ayobora imiduga n' ingenzi

mökki
akazu k' ikirundi

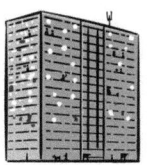

kerrostalo
aparitema

rautatieasema
igituro ca gari ya moshi

kaupungintalo
meri

museo
iratiro ry' ivyakera

koulu
ikigo c' amashure

yliopisto
kaminuza

pankki
ibanki

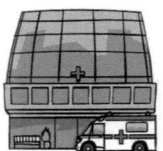

sairaala
ibitaro

hotelli
ihoteli

apteekki
farumasi

toimisto
ibiro

kirjakauppa
aho badandaza ibitabo

liike
akaduka

kukkakauppa
umudandaza w'amashugwe

supermarketti
supermarshe

tori
isoko

tavaratalo
iduka

kalakauppias
umudandaza w' amafi

ostoskeskus
ihuriro ry'amaduka

satama
ikivuko

puisto

kibanza batemberamwo

penkki

intebe ndende

silta

ikiraro

portaat

ingazi

metro

gari ya moshi bita métro

tunneli

ibarara ry' indani y' isi

linja-autopysäkki

igituro c' amabisi

baari

ubunywero

ravintola

resitora

postilaatikko

ahaja amakete

katukyltti

ikirango co kw' ibarabara

parkkimittari

isaha yo ku gituro c'
imiduga

eläintarha

iratiro ry' ibikoko

uimala

pisine

moskeija

umusigiti

maatila
ubwororero

ympäristön saastuminen
konona ibidukikije

hautausmaa
akaburi

kirkko
kw'isengero

leikkikenttä
ikibuga

temppeli
inyubako za kera bita
temple

maisema
imisozi

lehti
ikibabi

tienviitta
ivyapa

tie
inzira

niitty
ubwatsi bita gazon

kivi
ibuye

puu
igiti

retkeilijä
umuntu atembera kure n' amaguru

joki
uruzi

ruoho
ubwatsi

kukka
ishugwe

laakso	vuori	järvi
ikiyaya	umusozi	ikiyaga
	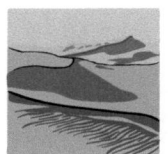	
metsä	aavikko	tulivuori
ishamba	ubugaragwa	ikirunga

linna	sateenkaari	sieni
ishato	umunywamazi	ikizinu

palmu	hyttynen	kärpänen
ikigazi	umubu	isazi

muurahainen	mehiläinen	hämähäkki
urutozi	uruyuki	igitangurigwa

kovakuoriainen

agakoko gato bita
coléoptère

sammakko

igikere

orava

agakoko bita écureuil

siili

ikinyogote

jänis

urukwavu

pöllö

igihuna

lintu

inyoni

joutsen

imbata

villisika

ingurube y' ishamba

peura

idubu

hirvi

igikoko bita élan

pato

urugomero

tuulimylly

icuma gitanga
umuyagankuba

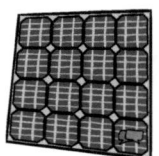

aurinkopaneeli

ikimuri c' imishwarara

ilmasto

igihe

ravintola
resitora

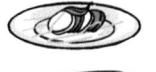

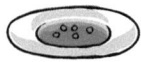

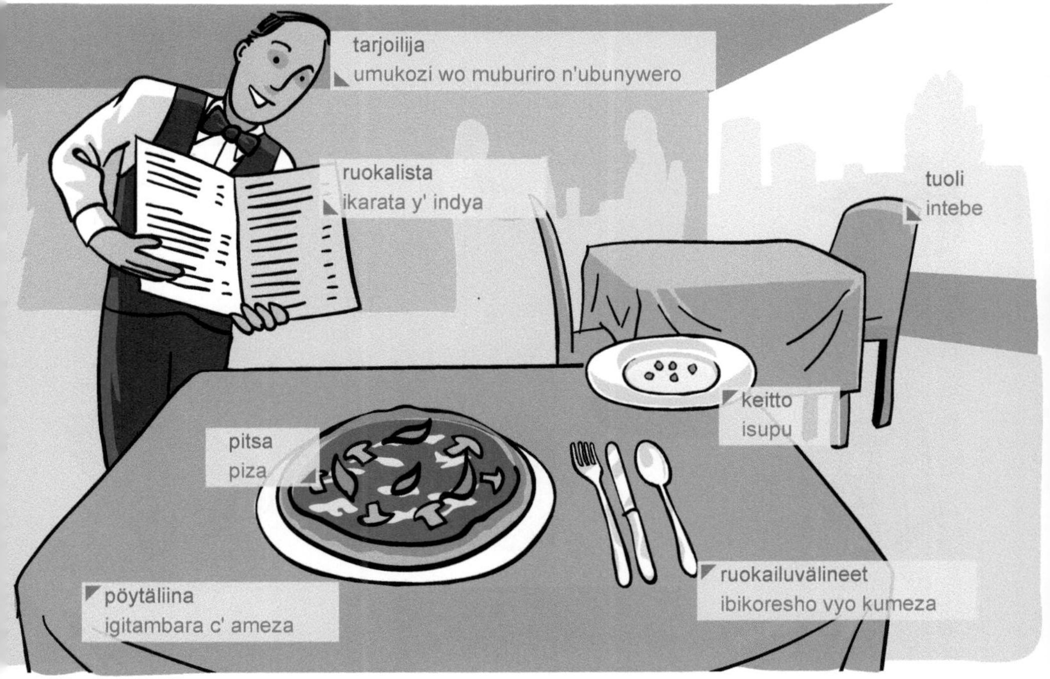
tarjoilija
umukozi wo muburiro n'ubunywero
ruokalista
ikarata y' indya
tuoli
intebe
keitto
isupu
pitsa
piza
pöytäliina
igitambara c' ameza
ruokailuvälineet
ibikoresho vyo kumeza

alkuruoka

indya y' ibanze

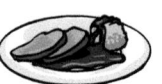

pääruoka

indya nkuru

jälkiruoka

deseri

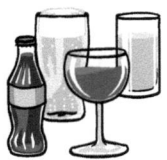

juomat

inyobwa

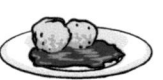

ruoka

infungugwa

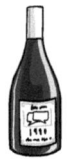

pullo

icupa

pikaruoka

infungugwa batekanye ingoga

katuruoka

Infungugwa barya bagenda

teekannu

ibirika y' icayi

sokeriastia

agakopo k' isukari

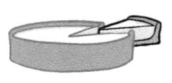

annos

igipande c' indya

espressokeitin

imachini ikora espresso

syöttötuoli

intebe ndende

lasku

inyemazabuguzi

tarjotin

ako batwarako infungugwa

veitsi

imbugita yo kumeza

haarukka

ikanya

lusikka

ikiyiko

teelusikka

akayiko k' icayi

servietti

seriviyeti

lasi

ikirahuri

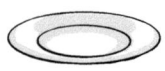

lautanen

isahani

syvä lautanen

isahani y' isupu

aluslautanen

isutasi

kastike

isosi

suolasirotin

akanyanyagiza umunyu ku ndya

pippurimylly

agasya ipiripiri

etikka

vinaigre

öljy

amavuta

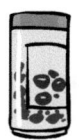

mausteet

indyoshandya

ketsuppi

kecapu

sinappi

mutaride

majoneesi

mayoneze

supermarketti
supermarshe

tarjous
ivyagabanyijwe igiciro
FOR
asiakas
umuguzi
maitotuotteet
ibiva ku mata
hedelmät
icamwa
ostoskärryt
agakinga ko mw' iduka

BUTCHERS

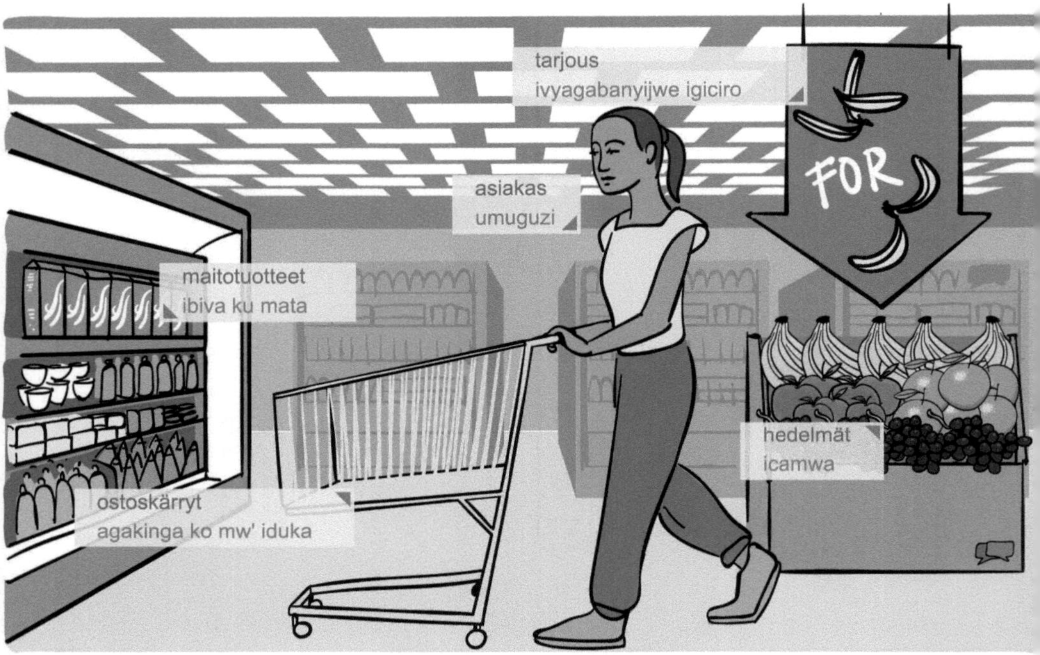

teurastamo

amacuniro

BAKERY

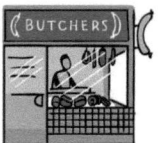

leipomo

iburangeri

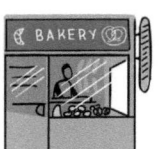

punnita

gupima

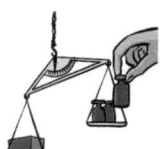

kasvikset

imboga

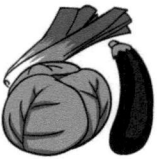

liha

inyama

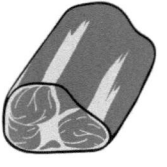

pakasteet

Imfungurwa zikanye cane

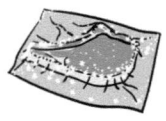

leikkele
fungugwa bita charcuterie en tranches

säilykkeet
amafunguro yo mu mabwate

pesujauhe
isabune yo kumesura

makeiset
ibisosa

kotitaloustarvikkeet
ibikoresho vyo muhira

puhdistusaineet
ibikoresho vy'isuku

myyjä
umudandaza

kassa
kese

kassanhoitaja
umuntu yakira amahera

ostoslista
rutonde rw' ibidandazwa

aukioloajat
amasaha yo kugurura

lompakko
ingodomoni

luottokortti
ikarata y' amahera

kassi
isakoshe

muovipussi
ishakoshe ya parastike

vesi

amazi

mehu

umutobe

maito

amata

kokis

koka

viini

umuvinyo

olut

ikiyeri

alkoholi

inzoga

kaakao

kakao

tee

icayi

kahvi

ikawa

espresso

ikawa yitwa espresso

cappuccino

ikawa yitwa kapucino

banaani

umuhwi

omena

ipome

appelsiini

umucungwe

meloni

icamwa bita melon

sitruuna

indimu

porkkana

ikaroti

valkosipuli

igitungurusumu

bambu

umugano

sipuli

igitunguru

sieni

ikizinu

pähkinät

ibiyoba

spagetti

amakaroni

spagetti

spagetti

riisi

umuceri

salaatti

isarade

ranskalaiset

ifiriti

paistetut perunat

ifiriti

pitsa

piza

hampurilainen

hamburugere

voileipä

sandwich

leike

infungugwa bita escalope

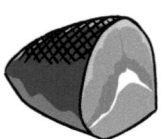

kinkku

jambo

salami

salami

makkara

isosiso

kana

inyama y' inkoko

paisti

umusoso

kala

ifi

kaurahiutaleet

ifungugwa bita flocons d' avoine

mysli

imfungugwa bita müsli

murot

infungugwa bita corn - flakes

jauho

ifarini

voisarvi

umukate bita croissant

sämpylä

umukate muto

leipä

umukate

paahtoleipä

umukate bashusha

keksit

ibisuguti

voi

amavuta

rahka

iforomaji yera

kakku

igato

kananmuna

irigi

paistettu kananmuna

amafunguro bita oeuf au plat

juusto

iformaji

jäätelö

infungugwa bita crème glacée

sokeri

isukari

hunaja

ubuki

hillo

ikonfitire

suklaapähkinälevite

imfungugwa bita praliné

curry

infungugwa bita curry

maatila
ubwororero

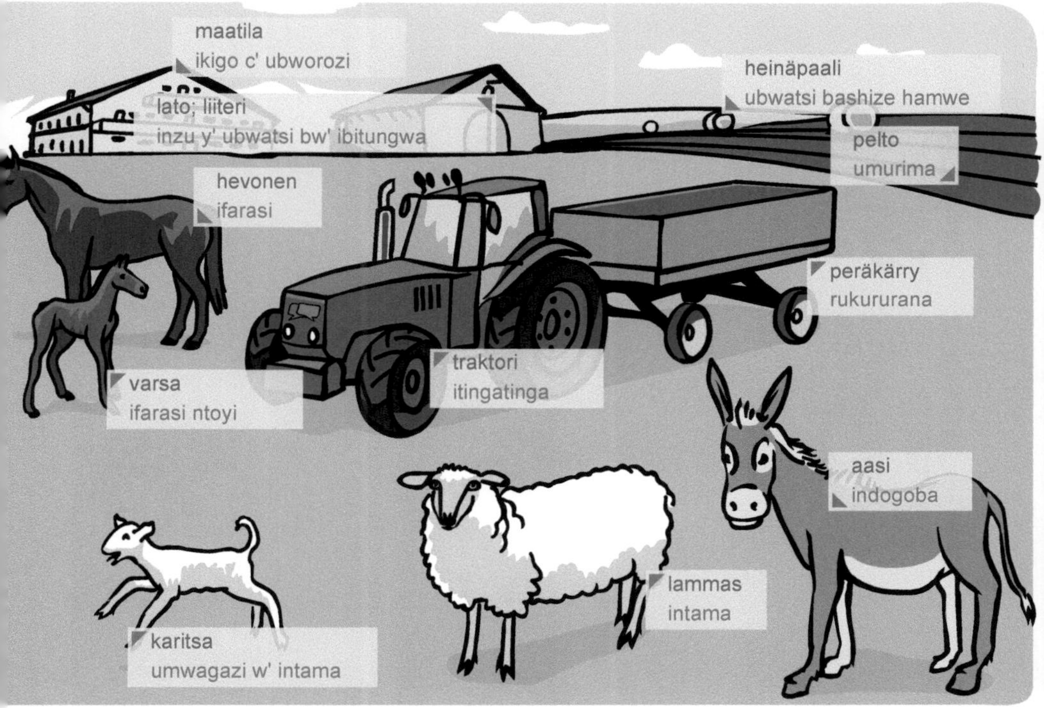
maatila
ikigo c' ubworozi
heinäpaali
ubwatsi bashize hamwe
lato; liiteri
inzu y' ubwatsi bw' ibitungwa
pelto
umurima
hevonen
ifarasi
peräkärry
rukururana
traktori
itingatinga
varsa
ifarasi ntoyi
aasi
indogoba
lammas
intama
karitsa
umwagazi w' intama

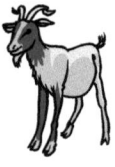

vuohi

impene

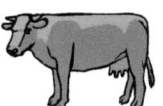

lehmä

inka

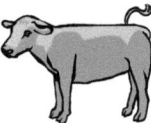

vasikka

inyana

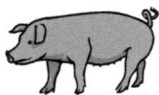

sika

ingurube

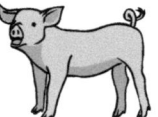

porsas

ikibuguru

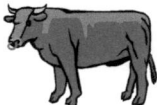

sonni

impfizi

hanhi

inyoni yitwa oie

ankka

imbata

tipu

umuswi

kana

inkokokazi

kukko

isake

rotta

imbeba nini

kissa

akayabu

hiiri

imbeba

härkä

ishuri

koira

imbwa

koirankoppi

umusaka w'imbwa

puutarhaletku

umuringoti wo kuvomerera
umurima

kastelukannu

ico bakoresha basukira
amashurwe

viikate

urukero

aura

majagu

sirppi
umuhoro

kuokka
isuka

talikko
ikinyanyagiza ibitabizo irya n'ino

kirves
ishoka

kottikärryt
inkorofani

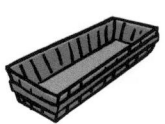

kaukalo
ubwato

maitokannu
icansi

säkki
umufuko

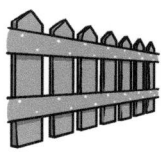

aita
urugo

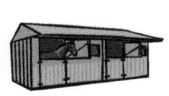

talli
indaro y' ibitungwa

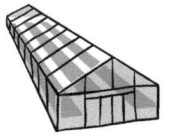

kasvihuone
utuzu bashusha kugirango ibimera birimwo bikure

maa
isi

siemen
imbuto

lannoite
ifumbire

leikkuupuimuri
imashini yimbura

kerätä sato

kwimbura

sato

umwimbu

jamssit

infungugwa bita igname

vehnä

ingano

soija

isoya

peruna

ikiraya

maissi

ikigori

rypsi

ubwoko bw' ingano bita colza

hedelmäpuu

igiti c' ivyamwa

maniokki

imyumbati

vilja

ibinyantete

talo
inzu

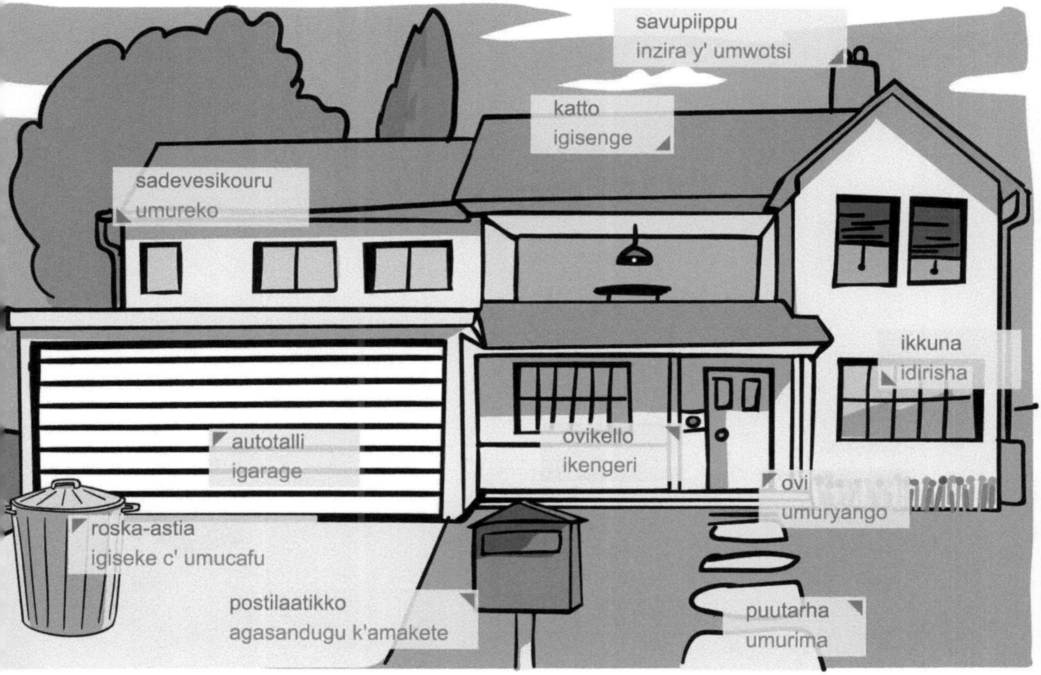
savupiippu
inzira y' umwotsi
katto
igisenge
sadevesikouru
umureko
ikkuna
idirisha
autotalli
igarage
ovikello
ikengeri
ovi
umuryango
roska-astia
igiseke c' umucafu
postilaatikko
agasandugu k'amakete
puutarha
umurima

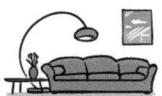

olohuone

isaro

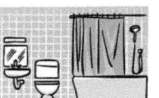

kylpyhuone

ubwogero

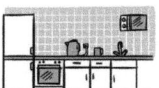

keittiö

igikoni

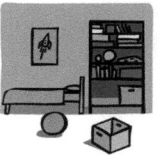

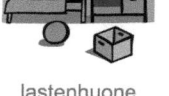

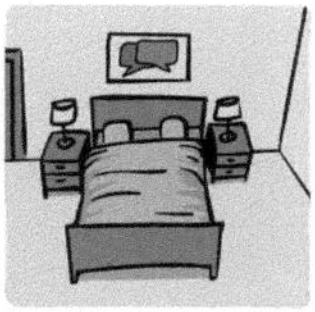

makuuhuone

icumba co kuraramo

lastenhuone

icumba c' umwana

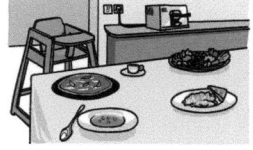

ruokahuone

uburiro

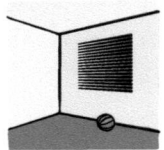

lattia

hasi

seinä

uruhome

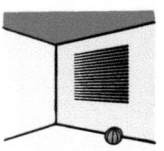

katto

igisenge c' inzu

kellari

kave

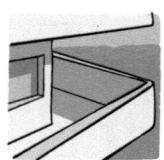

sauna

sauna

parveke

ibaraza

terassi

ibaraza

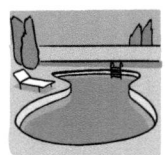

uima-allas

aho bogera

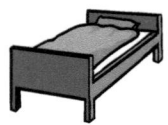

ruohonleikkuri

itondezi

lakana

igikaratasi

päiväpeitto

uburengeti

sänky

uburiri

harja

umweyerezo

ämpäri

indobo

katkaisin

akabuto

olohuone
isaro

tapetti
igisharizo
kuva
isanamu
lamppu
itara
hylly
akabati
kaappi
akabati
televisio
imboneshakure
takka
igicaniro
kukka
ishugwe
tyyny
umusagamiro
sohva
ifoteyi
maljakko
ivaze
kaukosäädin
terekomande

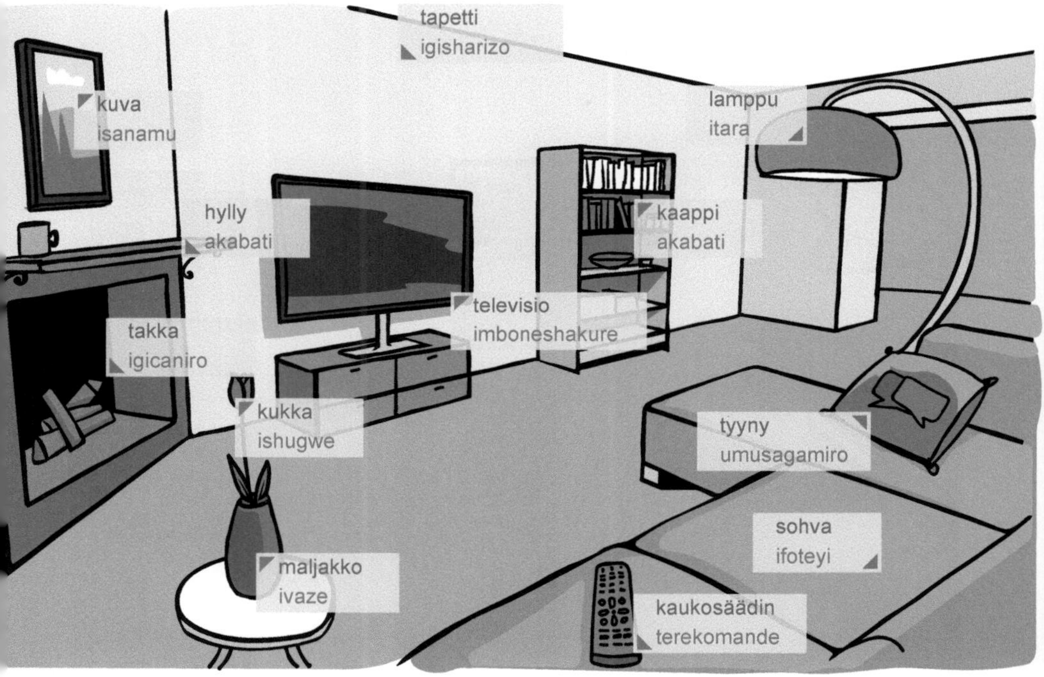

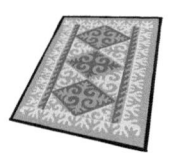

matto
itapi

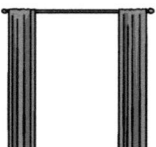

verho
irido

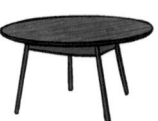

pöytä
ameza

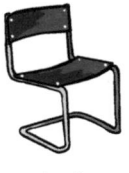

tuoli
intebe

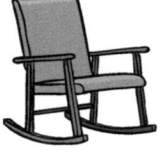

keinutuoli
intebe icundera

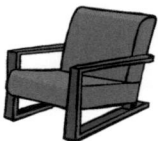

nojatuoli
ifoteyi

kirja

igitabo

peitto

ikirengeti

koriste

ibitako

polttopuut

inkwi

elokuva

ireresi

stereot

ivyuma vy' umuziki

avain

urufunguruzo

sanomalehti

ikinyamakuru

maalaus

gusiga amarangi

juliste

isanamu nini

radio

insamirizi

muistivihko

ikaye ndangaminsi

pölynimuri

asipirateri

kaktus

icimera bita cactus

kynttilä

ibuji

keittiö

igikoni

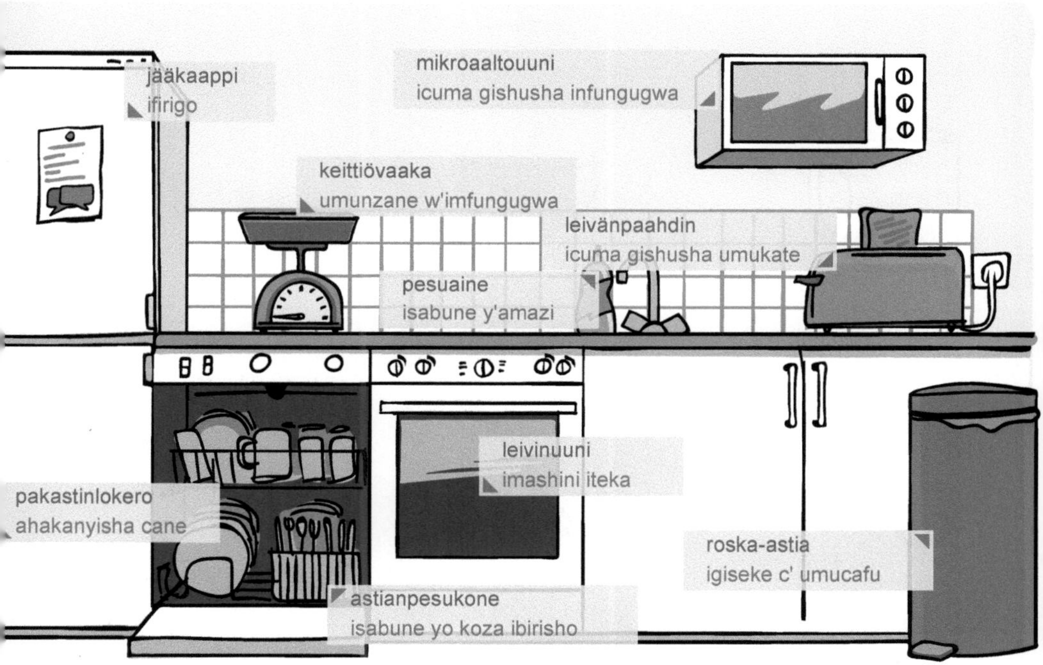

jääkaappi
ifirigo
mikroaaltouuni
icuma gishusha infungugwa
keittiövaaka
umunzane w'imfungugwa
leivänpaahdin
icuma gishusha umukate
pesuaine
isabune y'amazi
leivinuuni
imashini iteka
pakastinlokero
ahakanyisha cane
roska-astia
igiseke c' umucafu
astianpesukone
isabune yo koza ibirisho

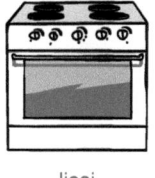

liesi

ishiga

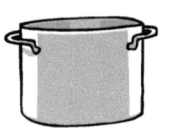

kattila

isafuriya

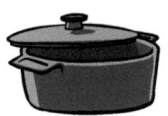

rautapata

isafuriya y' icuma

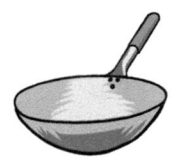

kkipannu / kadai-pannu

ipanu bita wok

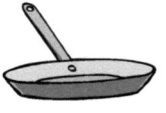

paistinpannu

ipanu

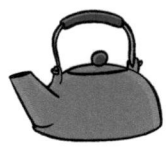

teepannu

akuma gashusha amazi

höyrykeitin

isafuriya itekesha umuhisha

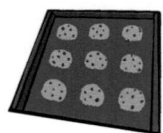

uunipelti

ico bakorerako imikate

astiat

ibirisho

muki

igikombe

kulho

ibakure

syömäpuikot

uduti two kurisha

kauha

icaruzo c' isupu

paistinlasta

ikimamiro

vispilä

agakubitisho

siivilä

imashini isya ibifungurwa

siivilä

akayunguruzo

raastin

agakatakata imfungugwa

mortteli

agasekuro

grilli

icokerezo

avotuli

urucaniro

leikkuulauta
urubaho rwo gukatirako

kaulin
akabaho bakoresha spageti

korkinavaaja
urupfunguzo rw'umuvinyu

purkki
agasandugu

purkinavaaja
urupfunguzo
rw'agasandugu

pannulappu
ivyo gufatisha isafuriya
ishushe

lavuaari
icogerezo

tiskiharja
uburoso

pesusieni
ivyogesho

tehosekoitin
imigiseri

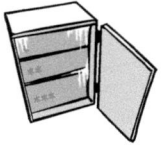

pakastin
frigo nini ikanyisha cane

tuttipullo
bibero

vesihana
ivomo

kylpyhuone
ubwogero

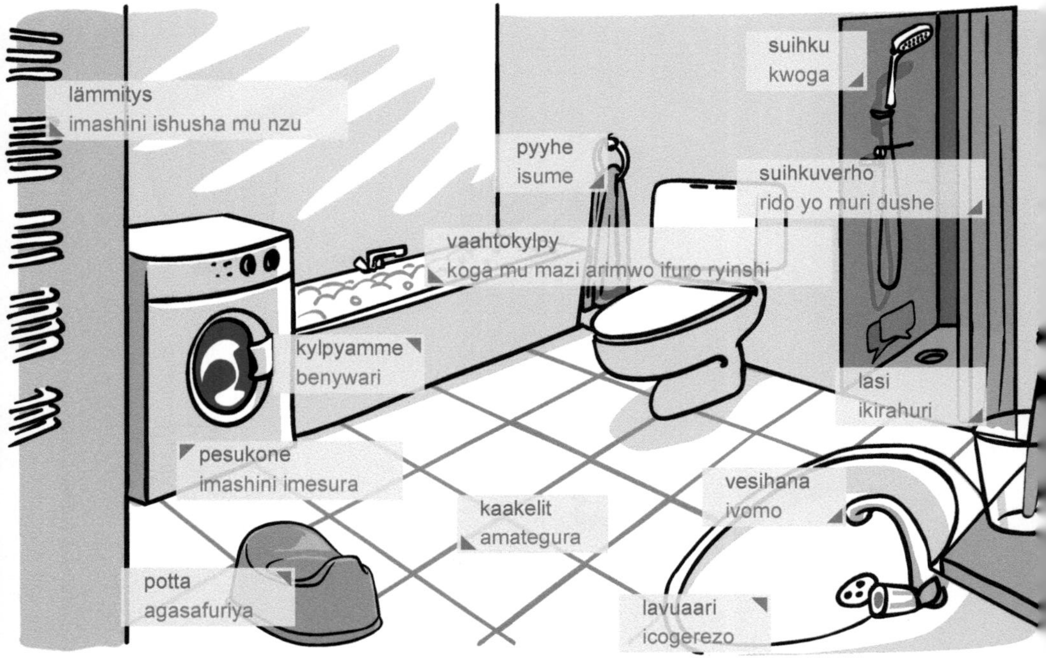

lämmitys
imashini ishusha mu nzu
pyyhe
isume
suihku
kwoga
suihkuverho
rido yo muri dushe
vaahtokylpy
koga mu mazi arimwo ifuro ryinshi
kylpyamme
benywari
lasi
ikirahuri
pesukone
imashini imesura
vesihana
ivomo
kaakelit
amategura
potta
agasafuriya
lavuaari
icogerezo

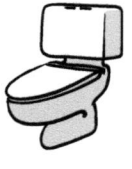

vessa

Akazu ka surwumwe

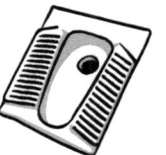

kyykkyvessa

akazu ka surwumwe k'ikirundi

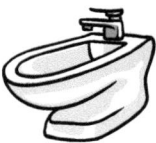

bidee

akantu gatoya bogeraho

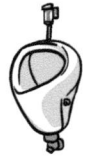

pisuaari

aho basoba

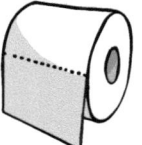

vessapaperi

ibikaratase vyo kwi sukuza mu nzu ya surwumwe

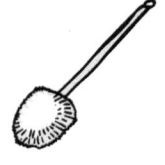

vessaharja

uburoso bwoza akazu ka surwumwe

hammasharja
umujigiti

hammastahna
umuti wo koza amenyo

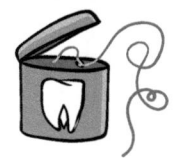

hammaslanka
utugozi two gusukura amenyo

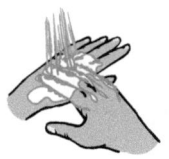

pestä
koza

käsisuihku
ikinyuko

intiimisuihku
ubwoko bwa dushe

pesuvati
ico bakarabiramo intoki

selkäharja
uburoso busukura mu mugongo

saippua
isabune

suihkugeeli
isabuni yo kwoga

shampoo
shampo

pesulappu
agatambara ko kwisukura

viemäri
umuringoti

voide
amavuta yo kwisiga

deodorantti
iparufe yo mu kwaha

peili

icirore

käsipeili

icirore

partaveitsi

imashini imwa ubwanwa

partavaahto

ifuro ryo kumwa ubwanwa

partavesi

umuti basiga aho bamoye

kampa

igisokozo

harja

uburoso

hiustenkuivaaja

akuma kumutsa umushatsi

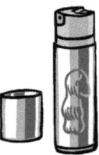

hiuslakka

amavuta bapuriza mu mushatsi

meikki

ibikoresho vyo kwipodora

huulipuna

amavuta afise ibara yo k'umunywa

kynsilakka

verni y'inzara

pumpuli

ipampa

kynsisakset

umukasi uca inzara

hajuvesi

iparufe

kosmetiikkalaukku

gasaho k' ivyo kwisukura
ku rugendo

jakkara

agatebe

vaaka

umunzane

kylpytakki

penywari

kumihansikkaat

udufuko tw' intoke iyo
bakora isuku

tamponi

kotegisi

terveysside

kotegisi

kemiallinen wc

ubwoko bw'akazu ka
surwumwe

lastenhuone
icumba c' umwana

herätyskello
isaha ivyura
pehmolelu
agakoko k' agapupe
leikkiauto
ikijuwe c' umuduga
helistin
ikijuwe c' ibibondo bita hochet
nukkekoti
inzu badandaza amapupe
lahja
akaganuke

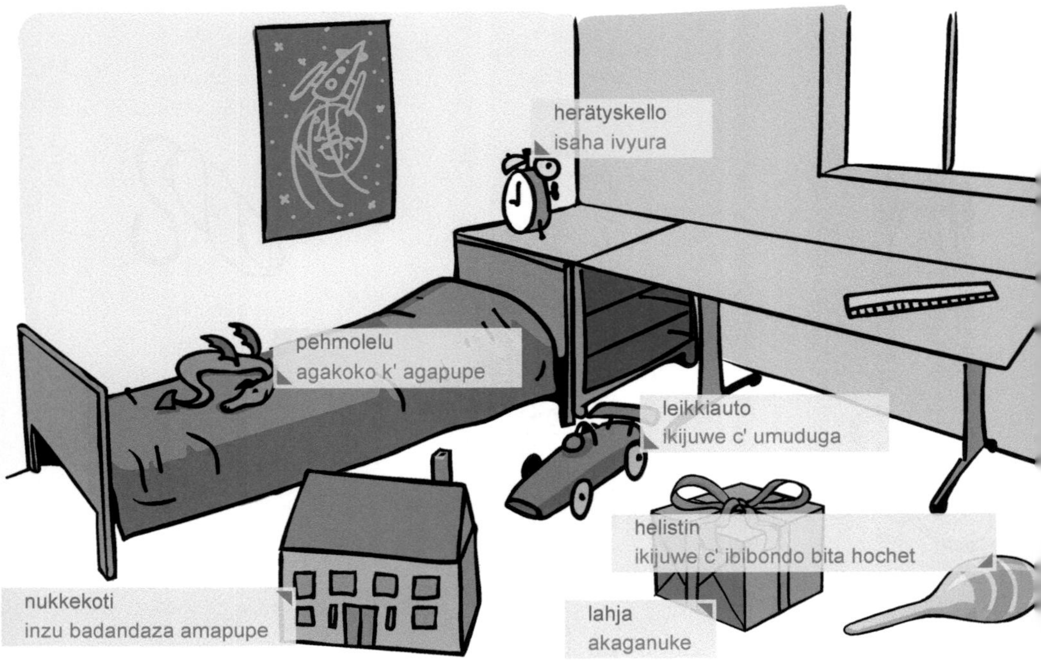

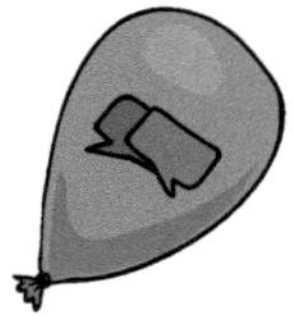

ilmapallo

igipurizo

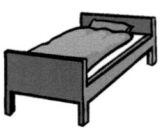

sänky

uburiri

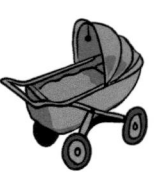

lastenvaunut

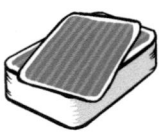

korttipeli

urukino rw' ikarata

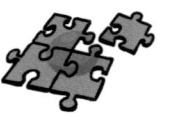

palapeli

urukino bita puzile

SUPER
MEGA

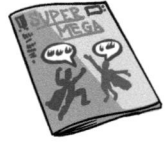

sarjakuva

ibitabo vy' amashusho

legopalikat

urukino bita lego

rakennuspalikat

ibijuwe vyo kubaka

supersankari

ipupe

potkupuku

impuzu yo kurarana y abana

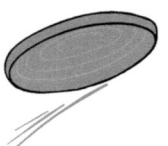

frisbee

urukino bita frisbi

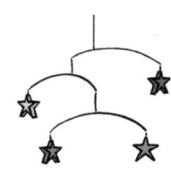

mobile

udukinisho two ku buriri bw' ibibondo

lautapeli

urukino rwo kumeza

noppa

agakinisho bita de

pienoisjunarata

gari ya moshi z' ibikinisho

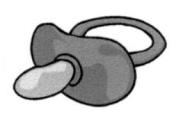

tutti

madanganya

juhlat

umunsi mukuru

kuvakirja

igitabo c' ibicapo

pallo

umupira

nukke

igipupe

leikkiä

gukina

hiekkalaatikko

umusenyi abana bakiniramwo

keinu

uruvuma

lelut

ikijuwe

pelikonsoli

urukino nyabwonko

kolmipyörä

ikinga ry'amapine atatu

nalle

igikoko bita ours c 'ikijuwe

vaatekaappi

akabati k' impuzu

vaatteet

impuzu

sukat

amashesheti

nylonsukat

amashesheti maremare

sukkahousut

ubwoko bw'impuzu zifata kandi zigaruka cane

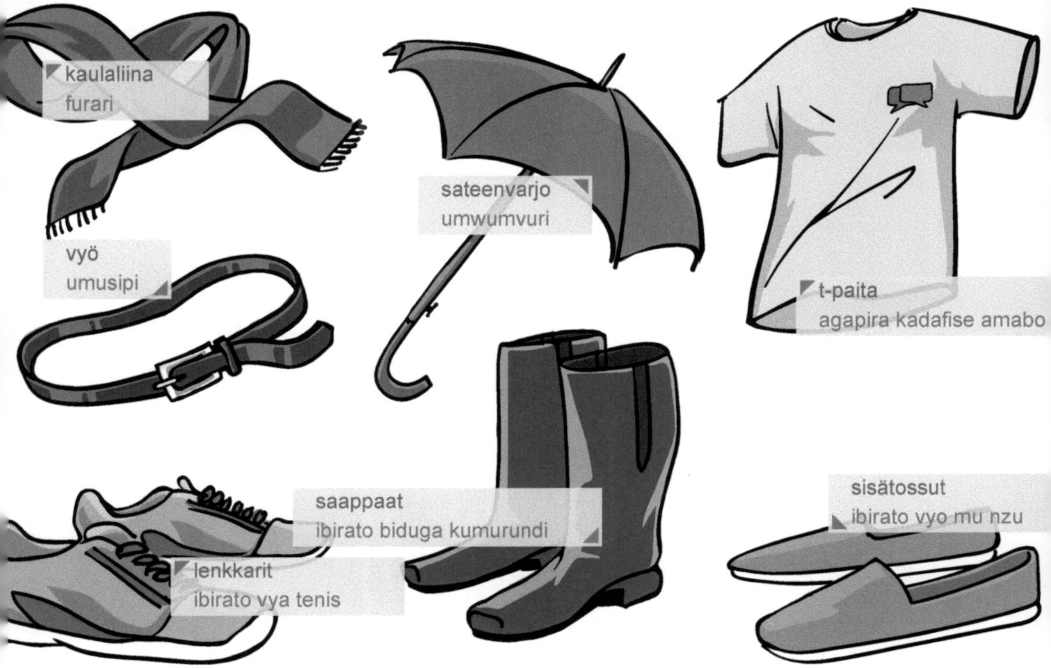

kaulaliina
furari

sateenvarjo
umwumvuri

vyö
umusipi

t-paita
agapira kadafise amabo

saappaat
ibirato biduga kumurundi

sisätossut
ibirato vyo mu nzu

lenkkarit
ibirato vya tenis

sandaalit
isandari

kengät
ibirato

kumisaappaat
ingamiya

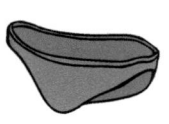

alushousut
imwesho

rintaliivit
isutiye

aluspaita
isengeri

body

impuzu z' imbere

housut

ipantaro

farkut

ijinisi

hame

ijipo

pusero

agashati koroshe kabagore

paita

ishati

villapaita

umupira w' imbeho

collegepaita

umupira w'imbeho ufise
inkofero

jakku

blazeri

takki

ikoti

takki

ikoti rirerire

sadetakki

ikoti y'imvura

puku

kositime

mekko

ikanzu

hääpuku

ikazu y'umugeni

puku

kositime

yöpaita

ikanzu yo kurarana

pyjama

impuzu z' ijoro

shari

imvutano z'abahindi

päähuivi

igitambara co mu mutwe

turbaani

igitambara co mu mutwe
bita turban

burka

mpuzu z' abasiramukazi

kaftaani

ikanzu bita kaftan

abaya

impuzu y' abasiramu

uimapuku

impuzu yo kogana

uimahousut

impuzu yo kwogana
y'abagabo

shortsit

imwesho

verkkarit

itereningi

esiliina

itaburiya

käsineet

udufuko tw' intoke

nappi

igifungo

silmälasit

amarori

rannekoru

igikomo

kaulakoru

akadede

sormus

impeta

korvakoru

ihereni

lippalakki

inkofero

ripustin

porutemanto

hattu

inkofero

solmio

karavate

vetoketju

imashini

kypärä

inkofero yo kwikingira

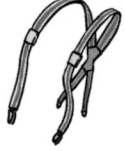

henkselit

imisipi

koulupuku

impuzu y' ishure

univormu

umwambaro rusangi
w'ahantu

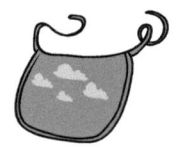

ruokalappu

wo bambika ibibondo iyo birya

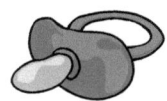

tutti

madanganya

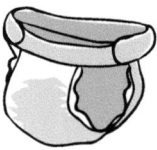

vaippa

iranje

toimisto

ibiro

palvelin
seriveri
asiakirjakaappi
akabati k' ivyangombwa
tulostin
empirimante
peri
ukaratasi
näyttö
ekra
kirjoituspöytä
ameza yo kwandikirako
hiiri
suri
kansio
ico bashiramwo ivyangombwa
näppäimistö
karaviye
kori
ke bajugunyamo amakaratasi
tuoli
intebe
tietokone
nyabwonko

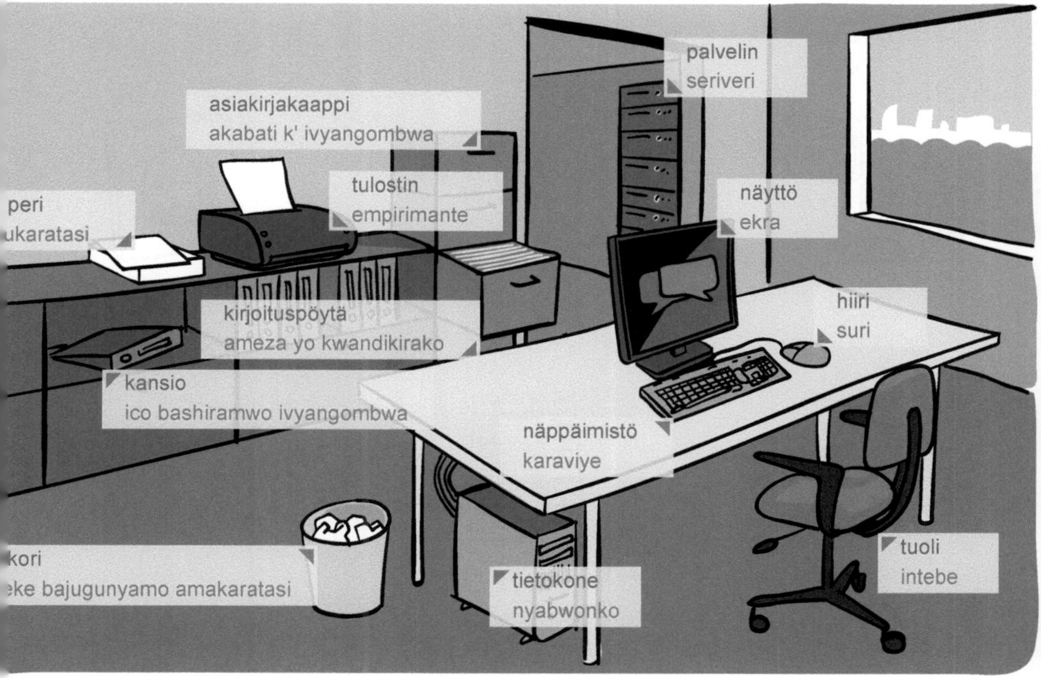

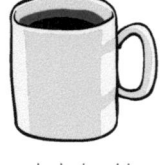

kahvimuki

igikombe c' ikawa

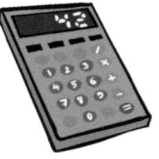

taskulaskin

imashini iharura

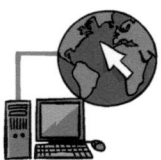

internet

ubuhinga ngurukanabumenyi

kannettava tietokone

inyabwonko ngendanwa

kirje

ikete

viesti

ubutumwa

kännykkä

telefoni ngendanwa

verkko

rezo

kopiokone

fotokopiyeze

ohjelmisto

rojisiyeri

puhelin

telefoni

pistorasia

purize

faksi

fagisi

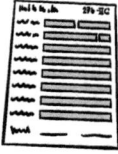

lomake

urukaratasi rwo kuzuza

asiakirja

icangombwa

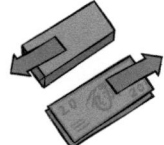

ostaa

kugura

maksaa

kuriha

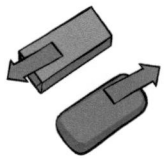

vaihtaa

kudandaza

raha

amahera

dollari

idorari

euro

iyero

jeni

iyene

rupla

amahera y' abarusiya ·

frangi

amahera y' abasuwisi

renminbi juan

amahera bita renmimbi yuan

rupia

amahera bita rupi

pankkiautomaatti

icuma gitanga amahera

rahanvaihto
ku bavunjayi

kulta
inzahabu

hopea
umujumbu

öljy
ipeteroli

energia
inguvu

hinta
ikiguzi

sopimus
amasezerano

vero
amakori

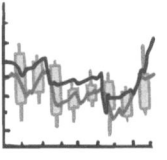

osake
igice

työskennellä
gukora

työntekijä
umukozi

työnantaja
umukoresha

tehdas
ihinguriro

liike
akaduka

52

talous - ubutunzi

ammatit
imirimo

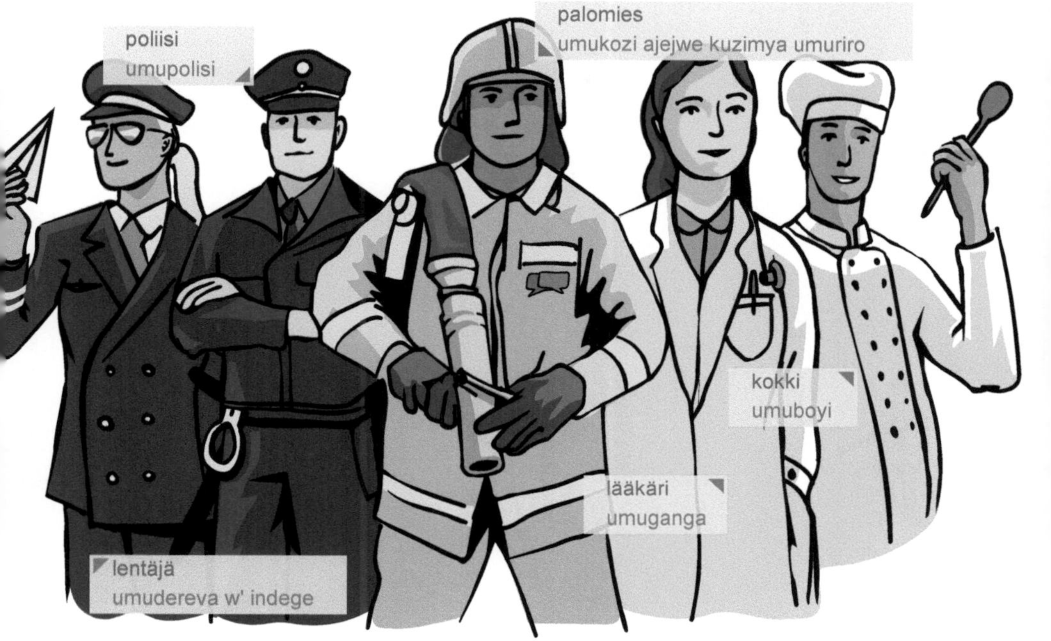
poliisi
umupolisi
palomies
umukozi ajejwe kuzimya umuriro
kokki
umuboyi
lääkäri
umuganga
lentäjä
umudereva w' indege

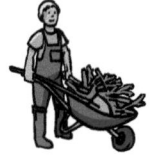

puutarhuri

nukozi akora murikarima

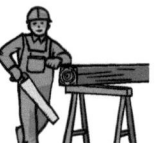

puuseppä

umubaji

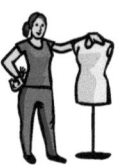

ompelija

umushonyi

tuomari

umucamanza

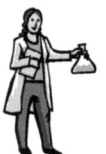

kemisti

umuhinga mu vya chimie

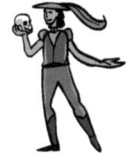

näyttelijä

umukinyi w'amareresi

linja-autonkuljettaja

umudereva w' ibisi

taksinkuljettaja

umudereva w' itagisi

kalastaja

umurovyi

siivooja

umuzezwanzukazi

katontekijä

sharupantiye

tarjoilija

umukozi wo muburiro
n'ubunywero

metsästäjä

umuhigi

maalari

umufundi w' amarangi

leipuri

umuntu akora imikate

sähköasentaja

umufundi w' amatara

rakentaja

umwubatsi

insinööri

enjeniyeri

teurastaja

umuyangayanga

putkiasentaja

umufundi w' amazi

postinjakaja

umuparanto

sotilas

umusoda

arkkitehti

umuntu acapa inyubako

kassanhoitaja

umuntu yakira amahera

floristi

hukozi ajejwe amashugwe

kampaaja

kimyozi

konduktööri

kontororeri

mekaanikko

umufundi w' imiduga

kapteeni

umudereva w' ubwato

hammaslääkäri

umuganga w' amenyo

tiedemies

muhinga mu vya siyansi

rabbi

umuhinga mu bayahudi bita
rabi

imaami

imame

munkki

umuvugiramana

pappi

umuvugiramana

työkalut
ibikoresho vy' ubwubatsi

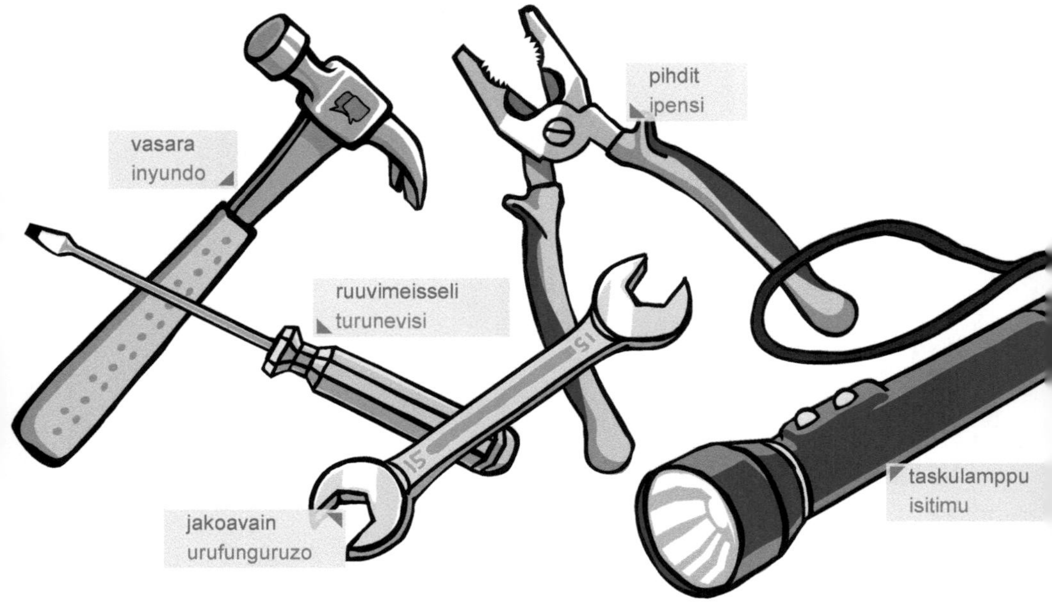
vasara
inyundo
pihdit
ipensi
ruuvimeisseli
turunevisi
jakoavain
urufunguruzo
taskulamppu
isitimu

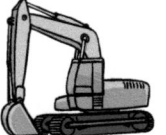

kaivinkone

tingatinga

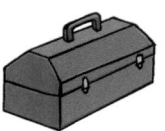

työkalupakki

isaho y' ibikoresho

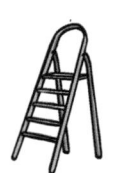

tikkaat

ingazi

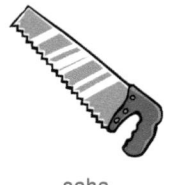

saha

umusumeno

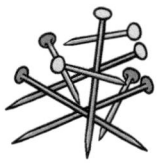

naulat

imisumari

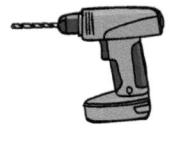

pora

icuma bita foreuse

korjata
gukora

lapio
igipawa

Hitto!
asyi!

rikkalapio
agaterura umucafu

maalipurkki
indobo y' irangi

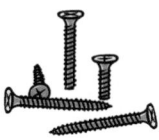

ruuvit
ivis

soittimet
ivyuma vyo gucuraranga

kaiuttimet
icuma bita Haut parleur

rummut
icuma ca musika bita batterie

kontrabasso
icuma ca musika bita contrebasse

trumpetti
icuma ca musika bita trompette

kitara
igitari

piano

icuma ca musika bita piano

viulu

icuma ca musika bita violon

basso

gitare icuranga Bass

patarummut

icuma ca musika bita
timbale

rumpu

ingoma

kosketinsoitin

icuma ca musika bita piano
electrique

saksofoni

icuma ca musika bita
saxophone

huilu

umwirongi

mikrofoni

mikoro

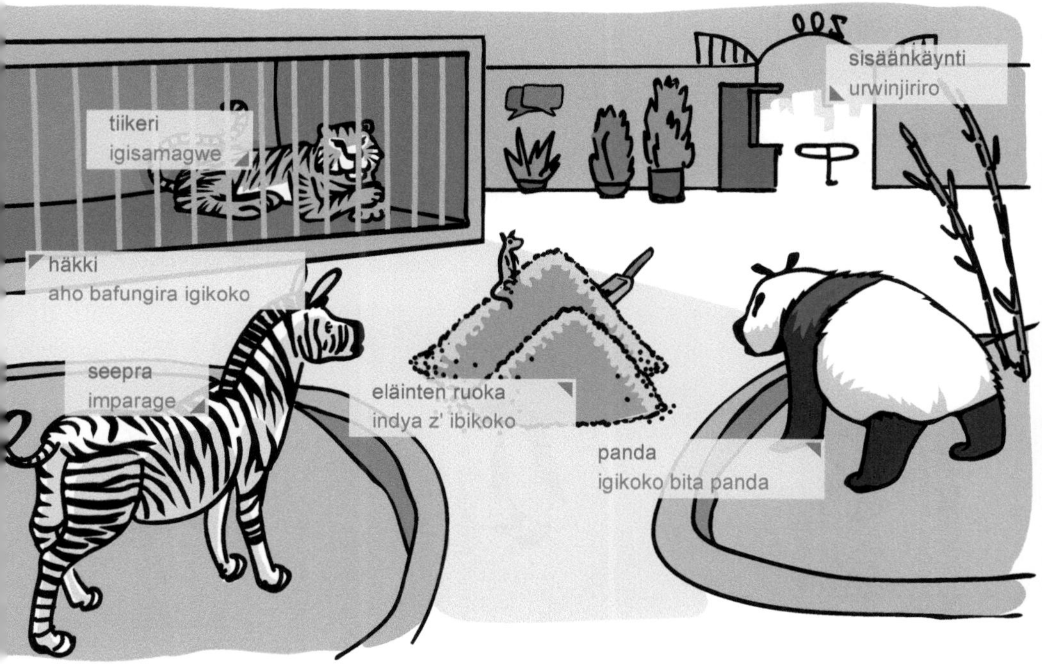

tiikeri
igisamagwe

sisäänkäynti
urwinjiriro

häkki
aho bafungira igikoko

seepra
imparage

eläinten ruoka
indya z' ibikoko

panda
igikoko bita panda

eläimet

ibikoko

norsu

inzovu

kenguru

Kanguru

sarvikuono

gikoko bita Rhynoceros

gorilla

inguge

karhu

igikoko bita ours

kameli

ingamiya

strutsi

inyoni bita autriche

leijona

intare

apina

inkende

flamingo

inyoni bita flamant rose

papukaija

gasuku

jääkarhu

igikoko bita ours blanc

pingviini

inyoni bita pinguin

hai

ifi bita requin

riikinkukko

inyoni bita paon

käärme

inzoka

krokotiili

ingona

eläintarhanhoitaja

umurinzi w' iratiro ry' ibikoko

hylje

igikoko bita phoque

jaguaari

igikoko bita jaguar

poni

woko bw' ifarasi bita pony

leopardi

ingwe

virtahepo

imvubu

kirahvi

umusumbarembo

kotka

agaca

villisika

ingurube y' ishamba

kala

ifi

kilpikonna

akanyamasyo

mursu

igikoko bita morse

kettu

imbwebwe

gaselli

ingeregere

amerikkalainen jalkapallo
urukino rwa football yo muri amerika

pyöräily
ugusiganwa ku makinga

tennis
urukino rwa tennis

koripallo
urukino rwa basketball

uinti
koga

nyrkkeily
urukino rw' ingumu

jääkiekko
urukino rwa ice-hockey

jalkapallo
umupira w'amaguru

sulkapallo
urukino rwa badminton

yleisurheilu
ubunonotsi

käsipallo
urukino rwa handball

hiihto
urukino rwa ski

poolo
urukino rwa Polo

nauraa
gutwenga

hypätä
gusimba

halata
kugumbirana

kävellä
kugenda

laulaa
kuririmba

unelmoida
kurota

rukoilla
gusenga

suudella
gusoma

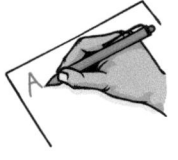

kirjoittaa

kwandika

piirtää

gucapa

näyttää

kwereka

painaa

gusuguma

antaa

gutanga

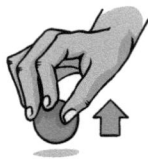

ottaa

gutora

omistaa

kugira

tehdä

kugira

olla

kuba

seisoa

guhagarara

juosta

kwiruka

vetää

gukwega

heittää

guta

kaatua

gutemba

maata

kurambarara hasi

odottaa

kurindira

kantaa

gutwara

istua

kwicara

pukeutua

kwambara

nukkua

kuryama

herätä

kuvyuka

katsoa

kuraba

itkeä

kurira

silittää

kwagaza

kammata

gusokoza

puhua

kuvuga

ymmärtää

gutahura

kysyä

kubaza

kuunnella

kumviriza

juoda

kunywa

syödä

gufungura

siivota

gutondeka

rakastaa

gukunda

keittää

guteka

ajaa

gutwara

lentää

kuguruka

purjehtia

kugira siporo bita voile

laskea

guharura

lukea

gusoma

oppia

kwiga

työskennellä

gukora

mennä naimisiin

kurongora

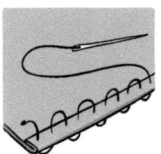

ommella

gushona

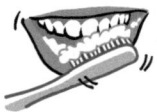

pestä hampaat

kwijigitura

tappaa

kwica

tupakoida

kunywa itabi

lähettää

kurungika

perhe
umuryango

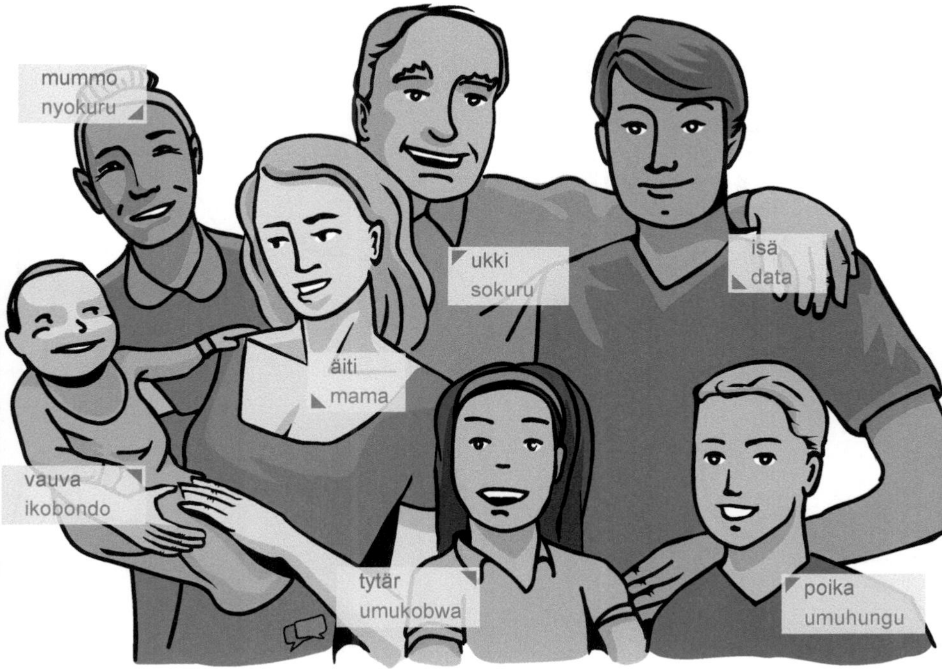

mummo
nyokuru
ukki
sokuru
isä
data
äiti
mama
vauva
ikobondo
tytär
umukobwa
poika
umuhungu

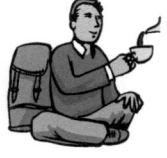

vieras

umushitsi

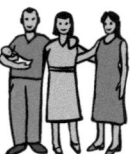

täti

masenge

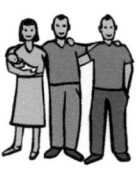

setä

marume

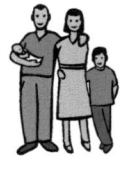

veli

musaza w' umuntu

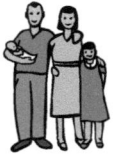

sisko

mushiki w' umuntu

vartalo
umubiri

otsa
agahanga
silmä
ijisho
kasvot
isura
leuka
agasakanwa
rinta
agatuntu
sormet
urutoki
käsi
ikiganza
käsivarsi
ukuboko
olkapää
urutugu
jalka
ukuguru

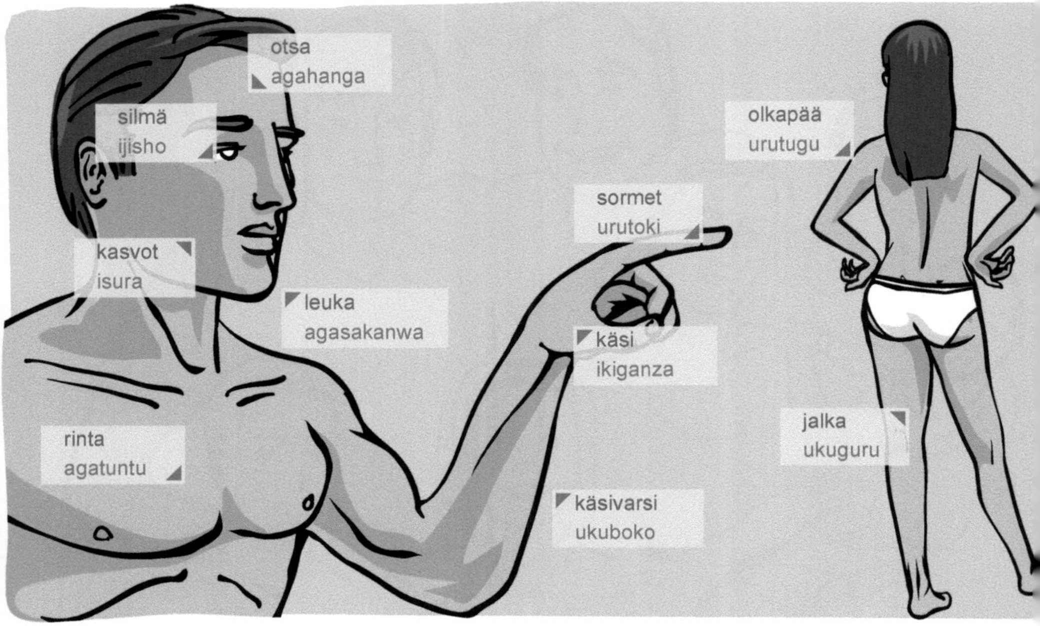

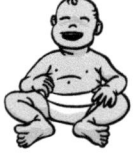

vauva
ikobondo

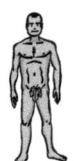

mies
umugabo

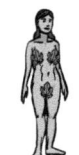

nainen
umugore

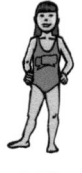

tyttö
umwigeme

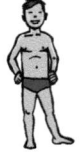

poika
umuhungu

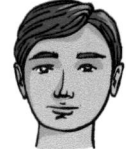

pää
umutwe

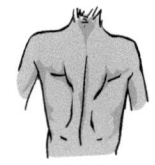

selkä

umugongo

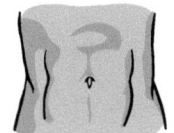

maha

inda

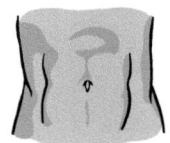

napa

umukondo

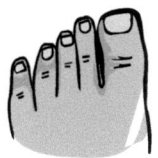

varvas

ino

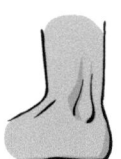

kantapää

agatsintsiri

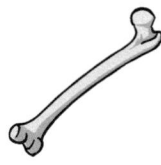

luu

igufa

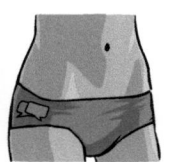

lantio

ku mafyigo

polvi

ivi

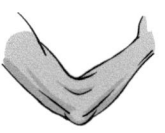

kyynärpää

inkokora

nenä

izuru

takapuoli

igisusu

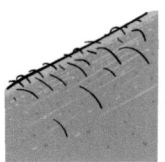

iho

urukoba

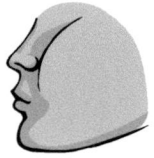

poski

itama

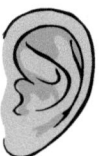

korva

ugutwi

huuli

umunwa

suu

umunwa

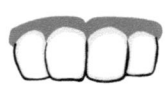

hammas

iryinyo

kieli

ururimi

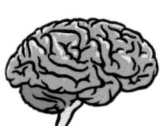

aivot

ubwonko

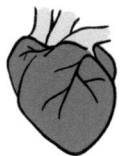

sydän

umutima

lihas

umutsi

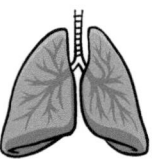

keuhkot

ihaha

maksa

igitigu

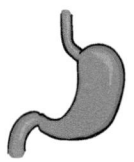

vatsa

umushishito

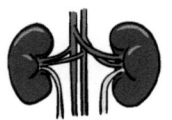

munuaiset

amafyigo

seksi

kurangura amabanga
y'abubatse

kondomi

agapfuko

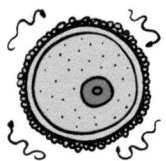

munasolu

imbuto y' umugore

sperma

imbuto y'umugabo

raskaus

imbanyi

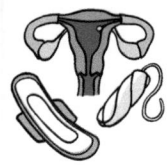

kuukautiset
kuja mu kwezi

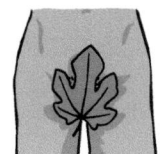

vagina
igituba

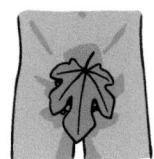

penis
imboro

kulmakarvat
ingohe

hiukset
umushatsi

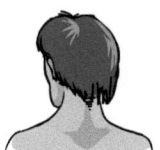

niska
izosi

sairaala

ibitaro

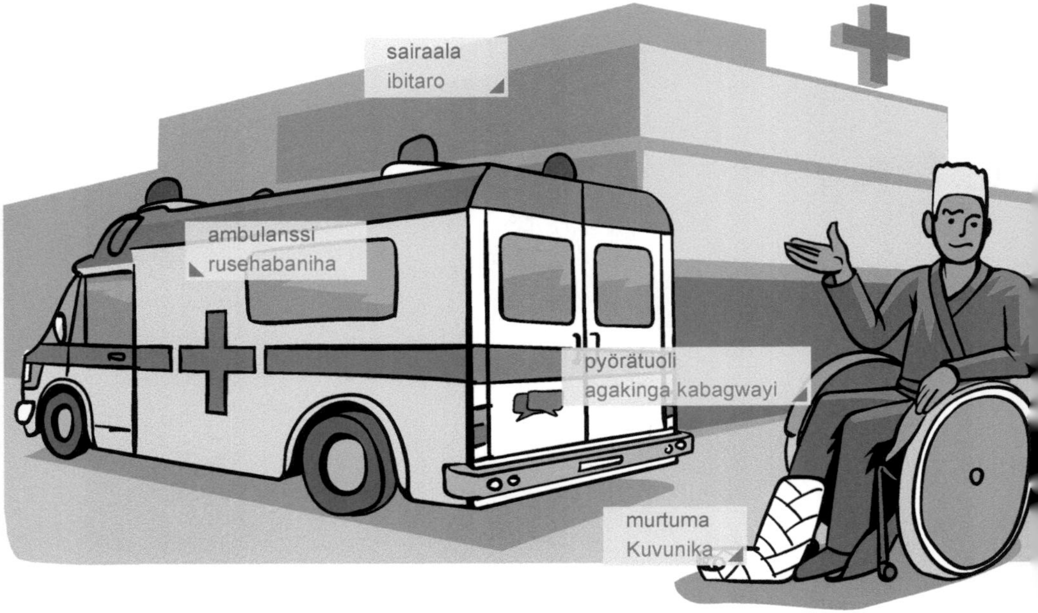

sairaala
ibitaro
ambulanssi
rusehabaniha
pyörätuoli
agakinga kabagwayi
murtuma
Kuvunika

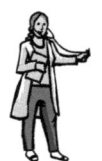

lääkäri

umuganga

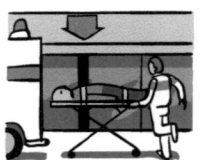

ensiapu

mundembe

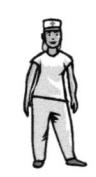

sairaanhoitaja

umuforomokazi

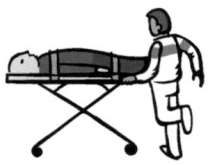

hätätilanne

irijanse

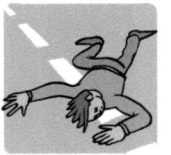

tajuton

guta ubwenge

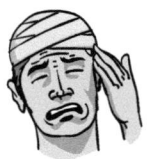

kipu

ububabare

vamma

igikomere

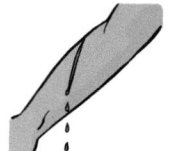

verenvuoto

kuva amaraso

sydänkohtaus

uguhagarara k' umutima

aivoinfarkti

kuvira indani

allergia

guhurirwa

yskä

inkorora

kuume

ubushuhe bw'umubiri

flunssa

giripe

ripuli

gucibwamwo

päänsärky

kumeneka umutwe

syöpä

Kanseri

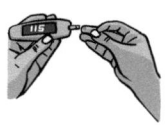

diabetes

Diyabeti

kirurgi

uganga ajejwe kubaga

veitsi

akuma ka muganga ubaga

leikkaus

kubagwa

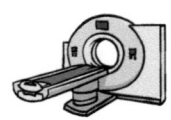

ct
sikaneri

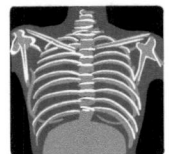

röntgen
radiyogarafi

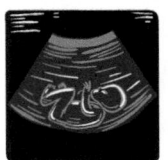

ultraääni
ekografi

maski
masike

sairaus
indwara

odotushuone
aho kurindirira

sauva
icishimikizo

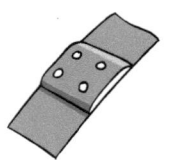

laastari
gufuka igikomere

side
gufuka igikomere

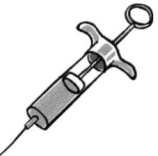

pistos
gutera urushinge

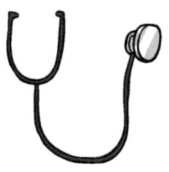

stetoskooppi
icuma cumviriza amahaha
n'umutima

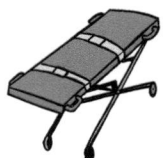

paarit
ingovyi

kuumemittari
igipima umuriro w' umubiri

syntymä
kuvuka

ylipaino
umuvyibuho urengeje

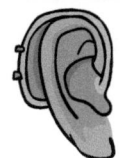

kuulolaite
igifasha umuntu kumva
neza

desinfiointiaine
imiti y' ibikomere

infektio
kwandura

virus
umugera

HIV / AIDS
umugera wa sida

lääke
ubuvuzi

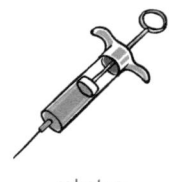

rokotus
guhabwa urucanco

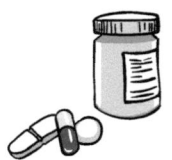

tabletit
ibinini

pilleri
ikinini mbonezamvyaro

hätäpuhelu
telefone itabaza

verenpainemittari
igipima umuvuduko w'
amaraso

sairas / terve
arwaye / akomeye

Apua!	 hälytys	 ryöstö
muntabare!	ikengere	igitero
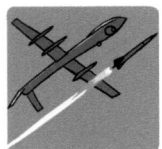 hyökkäys	 vaara	 hätäuloskäynti
igitero	ibihe bikomeye	icanzo
Tulipalo!	 palosammutin	 onnettomuus
umuriro!	ikizimyamwoto	isanganya
 ensiapulaukku	 SOS	 poliisilaitos
isanduku y' ubutabazi	ubutabazi	igipolisi

Eurooppa

Buraya

Pohjois-Amerikka

Uburaruko bw' amerika

Etelä-Amerikka

Ubumanuko bw' amerika

Afrikka

Afurika

Aasia

Aziya

Australia

Ositarariya

Atlantin valtameri

ibahari y' Antalantika

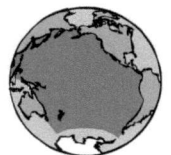

Tyynimeri

ibahari ya Pasifika

Intian valtameri

ibahari y' Ubuhinde

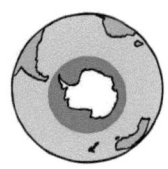

Eteläinen jäämeri

bahari y' Antaragitika

Pohjoinen jäämeri

ibahari y' Aragitika

pohjoisnapa

Uburaruko bw' umubumbe
w' isi

etelänapa

Ubumanuko bw' umubumbe
w' isi

Antarktis

antaragitika

maa

isi

maa

isi

meri

ibahari

saari

izinga

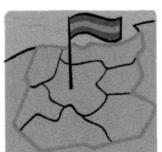

kansa

igihugu

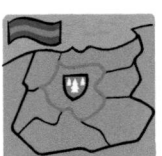

osavaltio

reta

kellotaulu

aho barabira isaha

tuntiviisari

urushinge rw' amasaha

minuuttiviisari

urushinge rw' iminota

sekuntiviisari

ushinge rw' amasegonda

Paljonko kello on?

ni gihe ki?

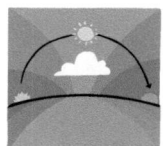

päivä

umunsi

aika

igihe

nyt

ubu nyene

digitaalikello

isaha ya electronique

minuutti

umunota

tunti

isaha

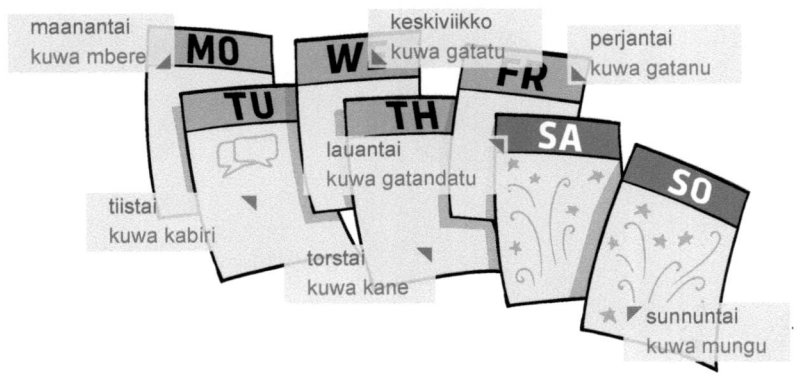

maanantai
kuwa mbere

keskiviikko
kuwa gatatu

perjantai
kuwa gatanu

tiistai
kuwa kabiri

lauantai
kuwa gatandatu

torstai
kuwa kane

sunnuntai
kuwa mungu

eilen

ejo haheze

tänään

ubunyene

huomenna

ejo hazoza

aamu

mu gatondo

keskipäivä

sasita

ilta

ku mugoroba

työpäivät

iminsi y' ibikorwa

viikonloppu

weekende

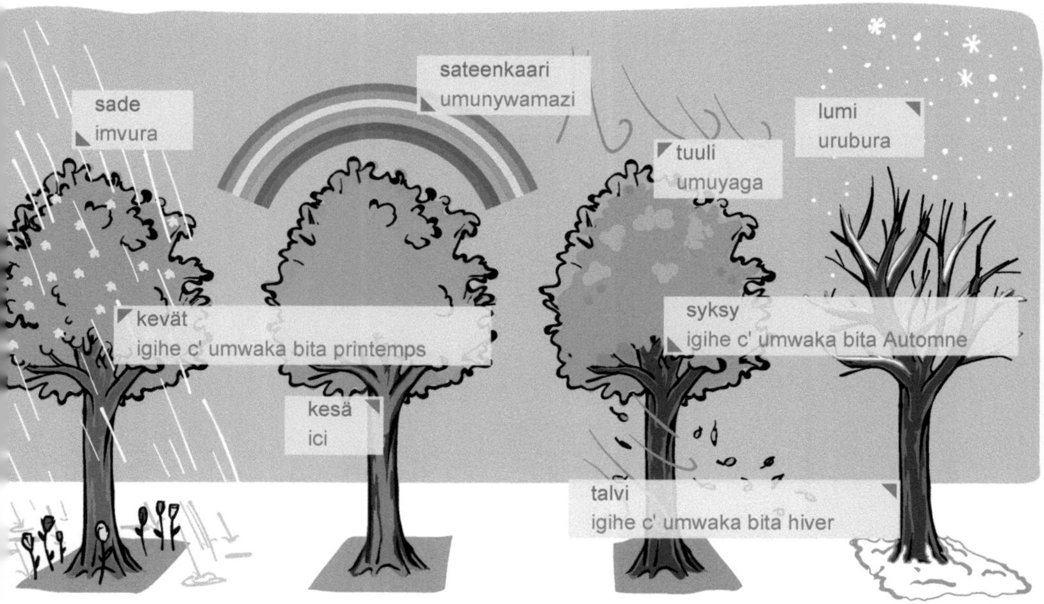

sade
imvura

sateenkaari
umunywamazi

lumi
urubura

tuuli
umuyaga

kevät
igihe c' umwaka bita printemps

syksy
igihe c' umwaka bita Automne

kesä
ici

talvi
igihe c' umwaka bita hiver

4.APRIL	11°	☀
5.APRIL	4°	☁
6.APRIL	13°	☁
7.APRIL	8°	❄
8.APRIL	10°	☀

sääennuste

ikirangabihe

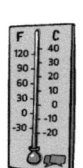

lämpömittari

igipima ubushuhe bw'
umubiri

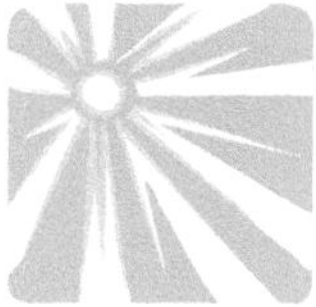

auringonpaiste

ubuseruko bw' izuba

pilvi

igicu

sumu

igipfungu

ilmankosteus

ifira

salama
umuravyo

ukkonen
inkuba

myrsky
igihuhusi

rae
urubura

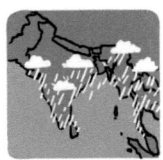

monsuuni
igihuhusi bita mousson

tulva
umwuzure

jää
ibarafu

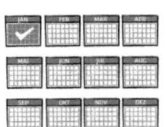

tammikuu
nzero

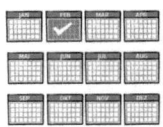

helmikuu
ruhuhuma

maaliskuu
ntwarante

huhtikuu
ndamukiza

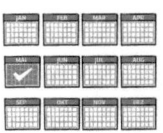

toukokuu
rusama

kesäkuu
ruhenshi

heinäkuu
mukakaro

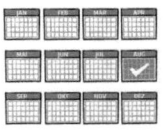

elokuu
myandagaro

syyskuu
....
nyakanga

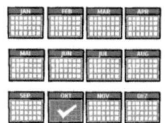

lokakuu
....
gitugutu

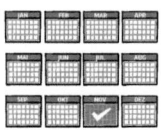

marraskuu
....
munyonyo

joulukuu
....
migarama

muodot
forume geometrike

ympyrä
....
umuzingi

neliö
....
ikwadarato

suorakulmio
....
urikiramende

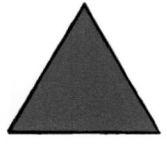

kolmio
....
inyabutatu

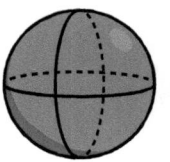

pallo
....
umubumbe

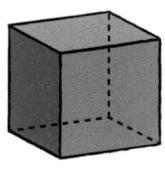

kuutio
....
agasandugu

valkoinen

ibara ryera

keltainen

ibara ry' umuhondo

oranssi

ibara risa n' umucungwe

vaaleanpunainen

ibara rya rose

punainen

ibara ritukura

violetti

ibara rya mauve

sininen

ibara ry' ubururu

vihreä

ibara ry'icatsi kibisi

ruskea

ibara ry' igihogo

harmaa

ibara rya gris

musta

ibara ryirabura

paljon / vähän

vyinshi / bikeyi

vihainen / ystävällinen

washavuye / utekereje

kaunis / ruma

mwiza / mubi

alku / loppu

intanguriro / iherezo

suuri / pieni

kinini / gitoyi

vaalea / tumma

gikeye / cijimye

veli / sisko

saza w' umuntu / mushiki w' umuntu

puhdas / likainen

gisukuye / gicafuye

täydellinen / epätäydellinen

gikwiye / gicagatiye

päivä / yö

umunsi / ijoro

kuollut / elävä

wapfuye / ariho

leveä / kapea

cagutse / caga

syötävä / syömäkelvoton

kiryoshe / kibishe

paha / kiltti

umutima mubi / umutima mwiza

innostunut / tylsistynyt

anezerewe / arambiwe

lihava / laiha

kivyibushe / conze

ensimmäinen / viimeinen

cambere / canyuma

ystävä / vihollinen

umugenzi / umwansi

täysi / tyhjä

cuzuye / kiri gusa

kova / pehmeä

kigumye / coroshe

painava / kevyt

kiremereye / gihwahutse

nälkä / jano

inzara / inyota

sairas / terve

arwaye / akomeye

laiton / laillinen

cemewe n'amategeko / kitemewe n'amategeko

älykäs / tyhmä

incabwenge / ikijuju

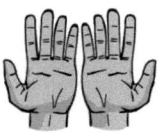

vasen / oikea

ibubamfu / iburyo

lähellä / kaukana

hafi / kure

uusi / käytetty
gishasha / gishaje

ei mitään / jotain
ntaco / kiriho

vanha / nuori
umutama / urwaruka

päällä / pois päältä
kwatsa / kuzimya

auki / kiinni
kugurura / kugara

hiljainen / äänekäs
gitekereje / gifise urwamo

rikas / köyhä
umutunzi / umukene

oikein / väärin
nivyo / sivyo

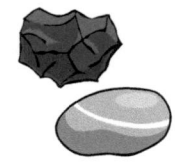

karhea / sileä
kigoramye / kigororotse

surullinen / iloinen
ashavuye / anezerewe

lyhyt / pitkä
kigufi / kirekire

hidas / nopea
kigenda bukebuke /
kinyaruka

märkä / kuiva
gitose / cumye

lämmin / viileä
gishushe buhoro / gikanye
buhoro

sota / rauha
intambara / amahoro

0

nolla
ubusa

1

yksi
rimwe

2

kaksi
kabiri

3

kolme
gatatu

4

neljä
kane

5

viisi
gatanu

6

kuusi
gatandatu

7

seitsemän
indwi

8

kahdeksan
umunani

9

yhdeksän
icenda

10

kymmenen
cumi

11

yksitoista
cumi na rimwe

12

kaksitoista

cumi na kabiri

13

kolmetoista

cumi na gatatu

14

neljätoista

cumi na kane

15

viisitoista

cumi na gatanu

16

kuusitoista

cumi na gatandatu

17

seitsemäntoista

cumi n' indwi

18

kahdeksantoista

cumi n' umunani

19

yhdeksäntoista

cumi n' icenda

20

kaksikymmentä

mirongo ibiri

100

sata

ijana

1.000

tuhat

igihumbi

1.000.000

miljoona

umuriyoni

englanti

Icongereza

amerikanenglanti

Icongereza co muri Amerika

mandariinikiina

Mandare kivugwa mu bushinwa

hindi

Igihinde

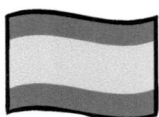

espanja

Ikispaniya

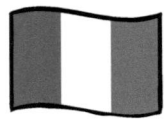

ranska

Igifaransa

arabia

Icarabu

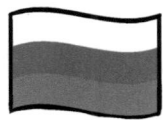

venäjä

Ikirusiya

portugali

Igiporitigare

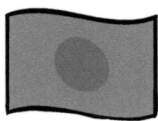

bengali

Ikibengare

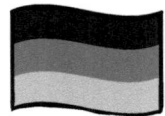

saksa

Ikidage

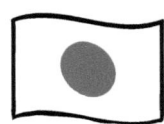

japani

Ikiyapani

minä

jewe

sinä

wewe

hän

we / we / co

me

twebwe

te

mwebwe

he

bo

kuka?

inde?

mitä / mikä?

iki?

miten?

gute?

missä?

hehe?

milloin?

ryari?

nimi

izina

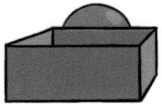

takana

inyuma ya

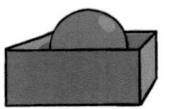

sisällä

indani ya

edessä

imbere ya

yläpuolella

hejuru ya

päällä

ku

alapuolella

munsi ya

vieressä

mu mbavu ya

välissä

hagati ya

paikka

ikibanza